爱上地理课

AISHANG DILIKE

泰国的首都·曼谷

TAIGUO DE SHOUDU · MANGU

知识达人 编著

成都地图出版社

图书在版编目（CIP）数据

泰国的首都：曼谷 / 知识达人编著 . —— 成都：成都地图出版社，2017.1（2021.10 重印）
（爱上地理课）
ISBN 978-7-5557-0425-6

Ⅰ．①泰… Ⅱ．①知… Ⅲ．①曼谷—概况 Ⅳ．①K933.6

中国版本图书馆 CIP 数据核字 (2016) 第 208422 号

爱上地理课——泰国的首都·曼谷

责任编辑：程海港
封面设计：纸上魔方

出版发行：成都地图出版社
地　　址：成都市龙泉驿区建设路 2 号
邮政编码：610100

印　　刷：唐山富达印务有限公司
（如发现印装质量问题，影响阅读，请与印刷厂商联系调换）

开	本：710mm×1000mm　1/16		
印	张：8	字　数：	160 千字
版	次：2017 年 1 月第 1 版	印　次：	2021 年 10 月第 4 次印刷
书	号：ISBN 978-7-5557-0425-6		
定	价：38.00 元		

主人公简介

大胡子叔叔

42岁的詹姆斯·肖，美国人，是位不折不扣的旅行家和探险家，足迹遍布世界许多国家和地区。因为有着与肯德基爷爷一样"茂盛"的胡子，所以被孩子们亲切地称为"大胡子叔叔"。

吉米

10岁的美国男孩，跟随在大使馆工作的父母居住在中国，是大胡子叔叔的亲侄子。他活泼好动，古灵精怪，对世界充满好奇。

映真

11岁的韩国男孩，汉语说得不好，但英语很流利。性格沉稳，遇事临危不乱。

花花

10岁的中国女孩，自理能力差，有一点点任性和霸道。她的父母与映真的父母是很要好的朋友。

目录

目录

引言

经过几个月的休整，又要向着新的目的地出发了。还没有等大胡子叔叔公布接下来的行程，吉米早已拿出世界地图，迫不及待地问道："大胡子叔叔，我们接下来去哪里呀？"

正在翻着日历的大胡子叔叔蹲下身子，笑着问吉米："你们玩过水枪吗？想不想现在去打水枪？"

"当然想了，这个我总是拿第一名。现在去吗？可现在还冷呀。"吉米说道。

"呵呵，到了那里你就知道了。现在准备好行李，叔叔带大家去打水仗。目的地在这儿。"大胡子叔叔带着一丝微笑指着地图上的一个地方。

"泰国？"吉米感觉很陌生。地图上的那片区域看起来像个大象，伸出长长的鼻子，似

乎在欢迎吉米他们到来。

　　大胡子叔叔笑着拍拍吉米的肩膀，说："对，这是一个很有趣的国家。我们在地图上可以看到这个国家位于中南半岛中部，其西北部是缅甸，东部是老挝，东南部是柬埔寨，南边狭长，部分居印度洋与太平洋之间，是不是很有意思？告诉映真和花花，我们下周出发，哈哈。对了，还要告诉他们，带上夏天的衣服，那里很热。"

　　飞机呼啸着冲入云霄，经过几个小时的飞行，广播告诉乘客再过半小时飞机就要准备降落了。花花好奇地向窗外望去，夜幕下广袤的大地是一片点点灯光。

　　这就是曼谷？比我想象的还要大，还要繁华，花花心里感慨着。

　　大胡子叔叔似乎知道花花心里想什么，告诉孩子们："你们马上就看到曼谷了，它是泰国的首都。马上到来的4月13日到4月15日，这里要举办泼水节，大家都会相互泼水表示祝福。"

　　"大胡子叔叔，为什么他们要相互泼水？"花花觉得非常有趣。

　　"嗯，泰国人民相信用水可以把一年的霉运冲走，谁被水泼得最多，就表示谁得到的祝福越多哦。"大胡子叔叔用他丰

富的知识向孩子们生动地讲述着。

这时，安静的映真满脸疑惑地问大胡子叔叔："叔叔，这样泼水不会感冒吗？"

大胡子叔叔还没有开口，飞机上的广播开始提醒大家系好安全带准备着陆了。飞机一着陆，孩子们互相拉着手，迫不及待地冲向舱门，此时蒸气似的热浪一股股地扑来，几乎让人站不住脚，而身后还被飞机里的冷气萦绕着，这样的夹击让人感觉身处冰与火之间，大家不约而同地打了个激灵。这时映真还穿着一件毛衣呢！此刻他像衣服着火似的飞快地甩掉了毛衣，惹得吉米和花花捂住嘴笑起来。大胡子叔叔笑着告诉孩子们，现在是泰国一年当中最热的时候。

曼谷，我们来了！

孩子们兴奋极了，他们相信今晚将会是一个不眠之夜，不仅仅是因为它的炎热，更是因为接下来一段时间里疯狂有趣的经历在微笑着等待他们。

第1章

穿越时光的皇宫

　　大胡子叔叔回到酒店后立刻进入了甜甜的梦乡，但是那几个充满期待的孩子却久久难以入睡。好不容易挨到太阳升起，他们便立刻蹑手蹑脚地去找大胡子叔叔了。

　　"大胡子叔叔，快起来，我们去打水仗啦！"花花不停地摇晃着大胡子叔叔。

"好吧，你们这群心急的小猴子，给我几分钟准备时间。"大胡子叔叔实在无可奈何，半梦半醒地穿上映真早就给他准备好的衣服，还没穿好，又被这群孩子迫不及待地推出了门口。

在出租车上，孩子们丝毫没被整洁干净的街道所吸引，他们更关心的是街上怎么这么冷清，怎么没有人给他们泼水呢？

"呵呵，不急，这里不是打水仗的地方。今天是泼水节的第一天，但是在曼谷可不是什么地方都可以随意打水仗的。来到曼谷，有一个地方是你们必须得去的，而且那里可以进行泼水活动，那就是曼谷的象征——大王宫。"大胡子叔叔一边梳头一边说道。没办法，被这群孩子推上出

租车时他连头发都没来得及梳理呢。

没过多久，眼尖的吉米发现了不远处金色的尖顶，大声喊道："那一定是大王宫了！"在洁白的围墙内错落有致地分布着高矮不一的尖顶，金碧辉煌的屋脊和橘红色、绿色的琉璃飞檐在蓝天下显得庄严恢弘，镶嵌的红、蓝、绿的宝石在阳光下熠熠生辉，让人几乎睁不开眼。

兴奋的孩子们迫不及待地推着大胡子叔叔进去参观。到了门口，大胡子叔叔却被工作人员拦住了，原来大胡子叔叔今天穿的衣服不符合规定，不能进去参观。哈哈，映真给大胡子叔叔准备的是一条短裤，按照规定，穿着无袖T恤和短裤等露出皮肤的服装是禁止入内的。

当然，也不是没有办法的。不一会儿，大胡子叔叔被围上了一条具有传统民族特色的长筒裙。长着跟肯德基爷爷一样的胡子却穿着长筒裙的大胡子叔叔，孩子们都为这奇怪的打扮笑得躺在地上了……

他们随着大群游客，来到了大王宫所属的一座皇家建筑，里面有气势非凡的圆顶高塔，画着神话中有趣的动物和人物的壁画，孩子们一进去就被震撼了，但在大胡子叔叔眼里这还不算什么。他引导孩子们参观了泰国的国宝，以及回廊的墙壁上那涂着艳丽色彩的彩绘，孩子们可以从彩绘描述的史诗故事中了解泰国的历史。

孩子们半梦半醒，仿佛置身在梦幻世界中，一边听大胡子叔叔讲故事，一边缓缓地来到大王宫。这里是中西合璧、金碧辉煌的宫廷建筑，花园里到处都是被修剪得大小不一的球状绿色植物，完美得让人们赞不绝口。

花花很想知道这里是不是住着公主和王子。大胡子叔叔告诉她："现在的泰国皇室成员不在这里住了，拉玛三世是最

后一位居住在此的君主。到了第九位国王普密蓬执政时，皇室成员都搬到城里的新宫居住了。这位国王很爱护他的臣民，于是就把大王宫改为旅游景点，让臣民和外国游客参观。"

吉米笑着对花花说："花花，你一定又开始做你的芭比公主梦了，要不，你就在这里住好了。"

花花有点儿不好意思了，但是这次实在不好反驳吉米，因为她的确很期待成为这个梦幻皇宫里的小公主，哪怕是陪着公主玩一会儿也好啊。

吉米可不像花花那样沉浸在公主王子的期待当中，他心里还惦记着去打水仗。大胡子叔叔说："好吧，孩子们，从大王宫出去，你们就可以参加泼水活动了。都准备好了吗？我的小猴子们！"

孩子们快乐地从身着白色制服的守卫身旁穿过，向大门口冲去……

第2章

国王的一家

来到泰国，孩子们发现在机场、银行、商店，甚至一些居民家里，都有国王的肖像，甚至还有跟真人差不多大的。看电影的时候，如果屏幕上出现国王的肖像，观众也要起身致敬。大家都对国王产生了浓厚的兴趣，特别是花花，总

在幻想自己能成为公主。

大胡子叔叔一开始也跟孩子们说："在泰国的公众场合，不要对泰国的国王及王室指指点点，那会招惹麻烦的。"现在的孩子，你越说不行，他们越想知道为什么不行。所以，大胡子叔叔在游览大王宫时，给孩子们上了一堂泰国王室即泰国历史的课。

泰国曾经历过几个朝代，其中包括了有一半中国血统的郑信把缅甸人赶跑，建立了泰王国。郑信死后，他的一个将军掌握朝政，建立了现在的拉玛王朝。现在是拉玛九世国王即普密蓬国王掌权。普密蓬国王自1946年登基至今，已在位近70年，是泰国历史上在位时间最长的国王。

但是，现在的国王并不像中国古代的皇帝一样拥有至高无上的权力，甚至掌握全国生杀大权，他更多的是泰国的一种象征，管理国家的实权还是掌握在议会和议会选出的总理手里。不过，由于泰国政权交替很频繁，特别是军人经常发动政变，老百姓都期望依靠国王过平安稳定的生活，所以对国王非常尊重和爱戴。这就是为什么在泰国街头各地都能看到国王肖像的原因了。

映真觉得泰国人民不会仅仅因为一个人是国王就爱戴他，一定还有什么优秀的地方值得人民爱戴。大胡子叔叔很认可映真的看法，说："没错，现在的泰国国王叫普密蓬·阿杜德，是一个勤政爱民的国王。他非常热爱他的臣民，真的像一个父亲一样去关心臣民，特别是对那些生活在比较困难的地区的人民，他总是想方设法为他们排忧解难。我曾多次从泰国报纸和电视上看到国王陛下深入农村了解情况、慰问群众。特别值得一提的是，国王陛下身体力行，在曼谷王宫内创办了牛奶厂，种植了试验田，为提高泰国农民种植水平和增加农民收入起到了示范作用。

"他还是一位多才多艺的国王，不仅精通音乐，还擅长摄影、绘画，喜爱帆船运动。他的妻子诗丽吉王后美丽善良，一直推动慈善事业的发展，用爱心与智慧在现有基础上改善自己和他人生活，已经成为泰国人民，特别是泰国妇女的楷模。"

原来真正爱护人民的国王才会被人民所拥戴。

"那么公主呢？"花花依然不放弃任何一个关于公主的话题。

大胡子叔叔更加来劲了，他告诉花花："这里有一位公主跟中国有很好的友谊关系呢。普密蓬国王的第二个女儿诗琳通公主，端庄贤淑，平易近人，勤奋好学，多才多艺。她不仅仅是一个公主，还是一个历史学家、作家、翻译家、语言学家和音乐家。她年幼时便在国王及王后的指导下开始学习中国历史和文学，很早就通读了《三国演义》等中国古典名著，懂得鉴赏中国古代诗词，擅长中国书画，能演奏二胡等中国民族乐器。公主对中国历史文化的热爱，促使她积极地从事中泰两国友好活动。"

这时，吉米说花花："看到了吧，做一个公主可不是那么轻松和简单的哦，要学习的东西可多呢。"

大胡子叔叔点了点头："没错，孩子们，做好一个人和做好一件事都不是那么容易，不是你拥有至高无上的权力就行，还要有丰富的知识和真诚的爱心才能治理好国家。"

孩子们了解了泰国的历史，了解了泰国人民为什么爱戴他们的国王，更加感到做一件事情并不是很容易的。越是高高在上，所承担的责任越重，所要学习的知识越多。

第**3**章

疯狂的泼水节

吉米他们冲出门口，忽然一阵阵清凉的水雾迎面飘来，再看眼前的景象，让他们兴奋不已。

广场上，街道中间，周围楼房过道……全都挤满了人，大家都在笑着、喊着、闹着相互泼水。街道中间还停着几辆放音乐的大卡车，周围里三层外三层的人群争着相互洒水。其他车上装的是好几

个大水桶，上面的青年男女穿着背心短裤，有男的甚至还光着膀子，全都占据制高点，用水勺、水枪、水管、水盆等所有能装水的东西，一边扭动身体，一边"呜啦啦"地怪叫着向车底下的人群直接泼水、射水、倒水……

开始啦，开始啦，泼水节开始啦！

吉米开始着急："水，哪儿有水啊？你们拿什么来泼水啊？"呵呵，大概吉米太着急了，也顾不上泰国的群众能不能听懂英语。这时，有人递过来一把超级大的塑料水枪。"哈哈，还是有人听得懂。"吉米想也没多想，拿起水枪胡乱地射水玩了。

吉米想得简单了，刚才递水枪的手又晃了晃，原来是卖水枪的。真会做生意！

OK！大胡子叔叔给三个孩子一人买了一支超级大水枪，孩子们在路旁准备好的水桶里给水枪吸足水后，"哒哒哒"叫着冲向疯狂的人群。

花花可不想冲向这群人，她选择离她最近的大胡子叔叔，对准他的脸扣动扳机。大胡子

叔叔冷不防被射了一脸的水，眼睛一下子模糊得看不清方向，一边心里暗暗骂这个小鬼，一边顺势转过身，踉跄中不知又跟谁撞在一起，还没来得及道歉，迎面又被泼了一身的水。大胡子叔叔傻站在原地还没有反应过来，从天冲下一道水柱，把大胡子叔叔从头到脚浇个透。

这样的祝福有点儿让人受不了！

大胡子叔叔很快适应了这个泼水的环境，他第一个想到的是孩子们是不是安全。他四下张望，只见不远处的花花正在被一股股水柱包围着，而花花只能闭着眼用水枪扫射。大胡子叔叔赶紧拉住花花迅速离开那个水柱密集的地方，他们看到树荫下有一群嬉笑的妇女和儿童，嗯，那里应该要安静一点，可以休息一下。

而吉米和映真手握水枪冲向疯狂的人群后，直接加入混战，一会儿对卡车上的人发射水柱，一会儿忽左忽右向周围的人群扫射，最后

两人渐渐地像电影里的战士一样，背靠背站在一起对付四周的疯狂人群。皮肤天生黝黑的泰国人很快发现有两个皮肤跟他们不一样的小孩在疯狂扫射，于是把注意力集中在吉米和映真身上了。

"哈哈，欢迎，欢迎，欢迎远道而来的小客人。你们一定要接受我们最热烈的祝福。"

于是，更多的水朝吉米和映真泼过来，而且还出现了新型武器——水榴弹！什么是水榴弹？顾名思义就是用塑料袋装满水，扎成如兵乓球大小的水弹，可以直接投向人群。

映真很快发现他们成了火力最集中的目标，赶紧拉着吉米撤出这场疯狂的"战斗"。他们手拉手一边四处寻找大胡子叔叔和花花，一边不时地接受陌生人投来的"祝福水花"。忽然，映真的脸上不知被谁狠狠地抹了一下，转身一看，哎呀，不看不知道，一看吓一跳，一个满脸涂满白粉的人正冲他傻笑呢，再仔细看脸上的经典胡子，呵呵，是大胡子叔叔在"偷袭"他。吉米的脸上也被花花抹了

带着淡淡花香的东西，花花的脸上更是被一道道湿的白粉弄得几乎认不出来了。

"这又是什么东西？"吉米好奇地问道。

"呵呵，这是香粉，原来泰国的泼水节除了用水来祝福以外，还相互涂抹沾上水的香粉。"大胡子叔叔笑着说。

刚才大胡子叔叔和花花跑向树荫下，原以为那里是安全地带，谁料到被抹了一脸的香粉。

哈哈哈……

看着吉米他们开心地大笑，大胡子叔叔脸上绽放出欣慰的笑容。一道彩虹停留在水花四溅的快乐人群上空，久久不散。

第4章

湄南河遇险

　　在离开大王宫的路上，人山人海，把整个街道堵了个水泄不通。大胡子叔叔决定带孩子们走水路，转向湄南河的码头。

　　吉米好奇地问大胡子叔叔："大胡子叔叔，为什么叫'美男河'啊？"

　　大胡子叔叔一边走一边给孩子们讲解地理知识。他告诉孩子们："哈哈，不是'美丽'的那个'美'，也不是'男女'的那个'男'。湄南河又叫'昭披耶河'，是泰国的母亲河。

正说着，他们就来到了码头上。码头是用一种浮筒搭建起来的，会随着河水的波动轻轻起伏。这种码头的好处是，不管河水的水位是涨还是落，始终都会浮在水面上，与船舷基本平行，便于游客上下船。现在这里停靠了很多艘漂亮的游览船，每艘船能承载20名游客。

上船的时候，有一个皮肤黝黑、眼睛大大的小姑娘，手腕上挂满了洁白芳香的茉莉花环，每上来一个游客她就给他挂上一串花环，然后低头双手合十表示祝福。

当她给花花戴上花环时，花花情不自禁地说了声："谢谢！"小女孩居然双手合十用汉语轻轻地说："不客气！"

咦？她也会说汉语？花花感到很意外。

船开了，在宽阔平缓的水面上"突突"地行驶着，江水有点浑浊。一艘艘游览船来来往往，载满了不同肤色的游客，脸上洋溢着快乐的笑容。每次相遇的时候，大家总是

很兴奋地相互挥挥手，大声地打着招呼，然后相互照相，玩得不亦乐乎。当然，还有一些意犹未尽的游客站起身，用手上的水枪朝另一艘船上的游客射出"快乐的祝福"。这其中就有吉米和映真小哥俩儿。他们一手握着水枪，一手用力挥舞着，高喊着："嗨！嗨！"

忽然，船身一摇晃，惊险的一幕出现了，映真半个身子超出船舱，他紧紧地抓住船舱的一扇门，脸霎时苍白起来。

"Help！help me！"关键时刻，映真宁愿说英语。

"不好！要掉下去啦。"

"小心，映真哥哥！"

"抓稳啦，映真！"

"其他人坐好，不要集中在同一侧，船会翻的。"

紧急中，一双大手迅速把映真拉了回来，大家才松了一口气。映真趴在船舷上就像一只受惊的小猫，一动也不敢动了。

大胡子叔叔轻轻地拍了拍映真："映真，没事啦！来，我们一起看看两岸的风光，好不好？这样能让你放松。"

映真这才回过神来，看着被绿树掩映的金色大王宫渐行渐远，随着船继续向前行驶，两岸现代化的建筑以及河上连接两岸的宏伟的斜拉桥纷纷出现，似乎在向大家致敬。湄南河上除了载着观光客的长尾船或大小渡轮，还可见到一艘艘小船拖曳着三四节笨重的运米驳船缓缓驶过。

大胡子叔叔说："湄南河既灌溉出了世界上最肥沃的稻米产区，又肩负着运输稻米的重任，所以说湄南河是泰国的母亲河。"

"你们看，那一长溜水上小木屋，它们已经有近两百年的历史了。"随着大胡子叔叔的指引，大家放眼望去，只见木屋下哗哗奔流的河水中，林立着无数排列有序的木柱桩，活像一个个精神抖擞的威武士兵站立河水中。但由于长年累月浸泡在河水里，它们看似苍老的表层，长出了一层深绿色的青苔斑。木屋前时不时有几个身手敏捷的孩子，或纵身一跃跳进河里，或三五一群地打水仗。

　　大胡子叔叔还引导孩子们去发现小木屋的独特地方："你们看，这'水上人家'的小木屋，只有5米左右高和临近水面的一层楼。十分有趣的是，湄南河'水上人家'生活在'水屋'地板上，自古以来保持'吃饭不用桌，睡觉不用床'的原始俗，房内不但没有老鼠出没，

也没有人因为长期生活在贴近水面的地方而患上风湿病之类的疾病。这就是泰国人民的聪明智慧啦！"

花花非常喜欢那一排排的小木屋，她说："我也想拥有一栋水屋！"

大胡子叔叔打趣她道："哦，除非将来你嫁个泰国人，因为泰国法律禁止买卖水上木屋，只能以世袭的方式传承，但也正因如此，代表泰国传统生活的水屋才得以完整无缺地保存下来。"

"哈哈哈！"听到这里，所有人包括很久都不敢出声的映真，都忍不住大笑起来。

第 **5** 章

曼谷的华人皇帝

　　船继续行驶着，接近湄南河上一座雄伟的斜拉桥——帕平拷桥时，向左拐入湄南河的一条支流——曼谷运河。

　　进入运河后不久，吉米大叫起来："快看，里面停着几艘金光闪闪的大龙船。"船上的人们听到后都小心翼翼地顺着吉米所指的方向望去，看到一座很大的船坞，里面有几艘做工精致、通体都镀着金的大船。

　　大胡子叔叔说："哦，这里是皇室船舰博物馆。龙船是国王的座船，每到盛大的庆典，这些龙船都会出现在湄南河上。它们作为泰国文化遗产的瑰宝闻名于世，至今已有二百多年的历史。"

　　"哇，真想看国王、王后坐着这些龙船出来巡游的样子。"花花又开始做她的皇家公主梦了。

　　"呵呵，这可不容易看到。特别是最富丽堂皇的皇家金凤凰御龙船，它被钦定为国王陛下或王子在皇家龙船游行中使用，现在仅使用于泰国皇室的重要典礼中，如1982年庆祝曼谷建都200周年的皇家仪式。"大胡子叔叔摇摇头说道。

　　吉米有点儿讨厌花花动不动就想着公主啊王子啊，说："花花，你一定是电视看太多了，瞧你家的芭比公主，比商店的还多。真想不通你们女孩子怎么那么喜欢这些东西。"

　　花花也同样不喜欢吉米一天到晚老把"打仗"挂在嘴上，不屑地哼一声："你喜欢打仗，刚才跟人家打水仗时还不是被打败了嘛。"

　　大胡子叔叔看这两个宝贝冤家整天吵来吵去，不禁笑起来。他指着远处一个塔，说："来，孩子们，都不要吵了。现在这里就有一个

历史典故可以同时满足你们的
喜好。看到那座塔了吗？"

　　孩子们顺着大胡子叔叔指的
方向望去，只见远处一片灰黄色的塔
群在夕阳中显得非常雄伟壮观。

　　大胡子叔叔接着介绍说："那叫作'郑

王庙'。据说，当年郑王驱逐缅甸敌军后，顺湄南河而下，经过此庙时，正好是黎明时刻，遂下令上岸到庙里面跪拜。"

说到这里，花花不禁问起来："大胡子叔叔，你说的'郑王'，是不是中国人啊？中国也有姓'郑'的。"

"没错，是我们中国人，郑王就是华裔民族英雄郑信，他曾率军队驱逐缅甸敌人，拯救河山，创建吞武里王朝。"说这话的是刚才献花环的小姑娘，她眨着明亮的眼睛显得非常自豪。

花花惊喜万分，没想到在曼谷还能碰上华侨。怪不得刚才她也能说中国话呢。

大胡子叔叔接着给孩子们介绍这段令所有中国人都骄傲的历史："对，这位小姑娘说对了。郑信的父亲是广东澄海人，年轻时取道海上到达暹罗（现在的泰国），落户于当时的首府大城，并在当地娶妻，生下郑信。郑信幼时勤奋好学，通晓中、泰、越、印等国文字，后因功劳显赫，被赐封披耶爵位。18世纪60年代，邻国缅甸屡次大规模入侵暹罗，吞并土地，掠夺财富，并于1767年攻陷了大城。不甘心做亡国奴的郑信挺身而出，号召人民起来反抗侵略者，许多华人也纷纷响应，组成了一支浩浩荡荡的义军，兵锋所指，势如破竹。经过浴血奋战，义军终于在很短的时间里把缅甸敌军赶出了暹罗，使国家恢复了独立。同年，郑信以吞武里为都建立了吞武里王朝，之后，修葺了一座庙，每年在此举行一些重大活动。郑王死后，泰国人民在庙中供上了他的塑像，并称此庙为'郑王庙'。这也成为泰国和中国的友谊象征。"

说话间，船靠岸了，大家都怀着崇敬的心情，登上庙塔参观。只见塔的周围由铁栅栏围起，里

面供奉着郑王的塑像。底座和塔身均呈方型，有很多层，面积逐层递减，外面以各色碎瓷片镶成种种花饰，显得古朴而庄重。据说，这些五颜六色的瓷器有的是从中国专程运来的，有的则是中国制瓷工匠与当地人民合作烧制而成。它们经过能工巧匠们的辛勤劳动及精心设计与镶嵌，摇身一变，组成了绚丽多彩的花卉图案和栩栩如生的神兽造型。

"真美啊！我更喜欢这种设计。"孩子们发出啧啧的赞美声。

大胡子叔叔说："是啊，郑王庙有'泰国埃菲尔铁塔'的美称。所以，这条湄南河最能体现泰国文化的精华。"

孩子们开始掰起手指算了，这条河两岸有大王宫、郑王庙、皇家舰船博物馆……看来，今天的收获非常大。

第6章 世界上名字最长的国都

回到船上，花花迫不及待地拉着大眼睛女孩的手，激动地问："我叫花花，我是北京的，就是中国的首都。姐姐，你有中国名字吗？你是哪里的？你的家里人都是中国人吗？"一连串的问题让大眼睛女孩不知从哪儿说起好。

停了一会儿，大眼睛女孩慢慢地说："我叫黄莎莎，家里人全都是从中国来的，我的爷爷从广东过来就住在曼谷。我们平时在家

里还是说中国话，就是广东话，在学校我们说的是泰语。"

映真忽然想到一个问题，他问黄莎莎："你们家为什么没有泰国人啊？"

莎莎笑了笑说："我妈妈是这样对我说的，泰国人比较喜欢享受，所以，你们看——"莎莎一边说一边跳起舞来，婀娜多姿的样子非常好看。

"我妈妈说，泰国人跳舞总是这样子的。伸手回来是'2'，出去是'5'，是指曼谷人收入是'2'，花钱是'5'，这不是入不敷出吗？而我们华人都是习惯攒钱的。"莎莎开玩笑似的比划着。

"哈哈哈……"这回连大胡子叔叔都笑出眼泪了。

看到大家都笑得那么开心，莎莎又想到一件有意思的事情。她问大伙儿："你们知道曼谷真正的名称吗？"

大胡子叔叔有点儿为难了，想了想，说："听说曼谷的全称是世界上名字最长的国都，我记得英文是The city of angels, the great city, the eternal jewel city, the impregnable city of God Indra, the grand capital of the world endowed with nine precious gems..."

到后面大胡子叔叔都快记不得了，莎莎跟他一起念才顺利念完。但是，三个孩子全都听得一愣一愣的。

莎莎看到大家露出她意料之中的表情后，又笑着说："是很长的名字，一共有100多个字母，泰语的字母更多了，翻译成汉语的字数相对较少，但也不容易记住……"

喜欢接受挑战的吉米兴奋地大声问："快说说，我试试能不能记住。"其他两个孩子也跃跃欲试，开始竖起耳朵注意听着。

莎莎清了清嗓子，开始一字一顿地说："共台甫马哈那坤森他哇劳狄希阿由他亚马哈底陆浦欧叻辣塔尼布黎隆乌冬帕查尼卫马哈洒坦。"

"什么？什么？这什么跟什么嘛？"

孩子们第一次听到这么雷人的名称，一点也记不住这毫无关联的单音字。莎莎又念了3遍，刚念完，吉米急不可耐地拦住莎莎说："你们听着，我来背。"

吉米同样一字一顿地掰着手指头背起来："共台甫马哈那坤森他哇劳……"

"哎呀，这太难记住了，再来再来。"吉米搔搔头。

这回，孩子们跟莎莎一起念诵，一共念了5遍，连大胡子叔叔也一起跟着小声背诵。

"好，我开始背了，要是我背出来的话，晚上你们要请我吃好东西。"吉米站了起来，同时清了清嗓子。

"共台甫马哈那坤森他哇劳狄希阿由他亚马哈底陆浦欧，欧……"

"哈哈哈！"大家都笑出眼泪来。

映真好奇地问莎莎是怎么记住的。

莎莎说："我们学校要求大家背诵，当然也费了很大工夫我才记得住。"

花花对莎莎崇拜极了，但她还是不明白这名字是什么意思。莎莎告诉大家："这名字包含的意思是天使的城市、宏大的城都、最和平伟大的地方、有9种宝玉存在的乐都，很富裕的皇宫。为了方便外国游客记住，于是泰国便将首都简称为Bangkok，就是曼谷。"

哦！曼谷，曼谷，不来这里不知道，这里竟然有这么有趣的故事啊！

第7章

飘香四溢的曼谷小吃

孩子们尽兴地玩了一阵，都嚷嚷着肚子饿了，于是，大胡子叔叔决定带他们去品尝曼谷的小吃。听到这消息，孩子们眼睛放出光芒，兴奋得快跳起来了。

大胡子叔叔一行离开码头，来到了曼谷的皇家餐厅。这是一座建筑在水上的大餐厅，由许许多多的建筑组合而成，号称有3000座位，仅工作人员就近千人，标榜世界第一呢。

餐厅里飘香四溢，让小馋虫们开始不安起来，他们纷纷冲到自己喜欢的食品前。很多食品是他们见也没见过的，而且五颜六色，煞是好看，弄得小馋虫们只有狂吞口水的份儿。

花花看中一款芒果糯米饭，把糯米用椰奶和香料蒸熟，切几片芒果铺在米饭上，用芒果片卷着米饭吃，满嘴甜甜的椰香与芒果香，实在是享受。莎莎告诉花花，泰国盛产热带水果，所以有很多食品是用水果做食材的，好看又好吃，还健康呢。

映真点了一份猪肉丸子米粉、一份咖喱蟹、一份咖喱烤肉饼、一份泰式炒面。真想不通映真怎么又点粉又点面的一大堆，估计也是饿慌了。

吉米更直接，干脆找一个离小吃摊最近的地方，一份还没有吃完，又接着点下一份，自己也不知道点了什么好吃的，只是埋头稀里哗啦地吃，大概他把自己的肚子当成聚宝盆了吧，什么都能装得下。

幸好这里是刷卡的，用起来方便，吃起来也方便。大胡子叔叔不慌不忙地吃着，觉得此时此刻把这些可爱的吃货和缤纷诱人的美食拍下来更有意思。

于是，大胡子叔叔不停地拍，孩子们不停地吃，美食摊主们很配合地不断推出新花样，谁看见都会认为是一个很棒的美食纪录片。

突然，吉米丢下碗，忽地跳起来，吐着舌头乱跳，不停地向摊主打手势。摊主很快明白了，端出很多杯冰水，吉米一口接一口喝了许多杯。大胡子叔叔看着他红扑扑的脸，不用问，他一定是吃到了泰国特有的、辣得不带商量的小米椒了。

不过，映真和花花这次没有笑话吉米，他们的注意力全都放到美食上了。回到酒店大家一块分享各自的快乐时，吉米说他还吃到了烤昆虫——一只小蟋蟀，口感很像油炸小虾，香脆滑嫩。不过，花花倒觉得恶心极了。

只是，今晚的美食实在太多了，让人眼花缭乱，却不能全部享受完。孩子们越来越喜欢曼谷了，真想在这里好好住上几年，把这里的美食尝个够，回去后一想起曼谷的小吃，真怕馋到舌头卷起来打成结。

第 **8** 章
夜幕下的 彩虹大厦

出了水上餐厅，湄南河两旁是五彩缤纷、光影四射的霓虹灯，河上的凉风一阵阵吹来，大家顿时觉得心旷神怡。这时，映真指着不远处的一座高楼大声问："看，大胡子叔叔，那是什么建筑？"

只见那高楼被绚丽的霓虹灯装点着，直插云霄，比起周围的建筑高出好几倍，就像《西游记》里的金箍棒，孩子们也很配合地像当年

的孙悟空一样，目不转睛地看着。

大胡子叔叔翻了一下地图，说："这是曼谷最高的大楼，叫作彩虹大厦。据说一共有88层呢，上面有一个旋转自助餐厅和观景台。"

在抵达彩虹大厦之前是一片繁华的商业区，璀璨的灯光和衣着时尚的年轻人让人感到曼谷也是一个时尚的国际大都市，但是很奇怪的是周围也有一些低矮破旧的贫民区，让人觉得曼谷是一半繁华一半落后，一半美丽一半丑陋。

在一个十字路口的一角，围挤着许多人，似乎还有歌舞表演呢。吉米问大胡子叔叔："为什么这里这么多人？"大胡子叔叔告诉他："这里是一座神庙，每天来这里的人络绎不绝。你们看到的歌舞表演是那些达成心愿的人为了向神致谢，就

花钱请了一些传统的泰国舞蹈演员跳舞。这对游客来说真是大饱眼福啊。"

穿过贫民区和闹市区后，他们来到彩虹大厦的观景台——当然不

是走路上去啦。光是换电梯就换了两次才来到高高的观景台。那里有一个餐厅，很有意思的是正好有八个泰国小伙子用锅碗瓢盆表演欢迎舞蹈，估计他们是厨师吧，因为腰上还系着围裙呢。

站在观景台上，仿佛来到了仙境一般，五彩的霓虹灯把曼谷点缀得美轮美奂。大王宫那边，正被绿色的灯光映衬出大片大片的绿地；不远处的夜市里一个巨大的摩天轮慢慢地旋转着，一些尖尖的塔顶撑着紫色、蓝色的伞，那一条条大马路，已经被明亮的路灯照成一道道金色的带子，把整个曼谷分割出一个个大块；湄南河已经被两岸的灯火和宝石般的游船点缀成蜿蜒的金带，一直伸向远方。

远处的天空有一道道闪电，但听不到雷声。观景台上的风很大，舒服极了。经过白天的疲劳颠簸，在晚风的吹拂下，在一阵阵让人闻起来馋得可以把舌头卷起来的香味中，孩子们似乎陶醉了。

第9章

泰国的前世今生

来到曼谷后，大胡子叔叔问孩子们："到泰国，你们最想了解什么？"吉米抢先回答："想了解这里的历史。"映真表示喜欢泰国与其他国家不一样的民族文化，花花则还沉浸在皇家公主的无限遐想中，有点儿不好意思地说："嗯，我比较喜欢看皇宫里漂亮的艺术品。"

"那太好了，这里有一个地方可以满足你们各自所需，那就是泰国的国家博物

馆。"大胡子叔叔习惯每到一个国家就去博物馆看看。

早上九点，他们来到位于大王宫附近的国家博物馆。这是东南亚地区规模最大的国家级博物馆，基本上是在一栋古建筑内集中展出一个主题的藏品。

进门参观的第一站是诗瓦莫克哈皮曼厅，在这里介绍的是泰国的简史，各种立体模型和其他陈列品展示了泰国从素可泰王国到现代各个时期的历史风貌。大胡子叔叔带孩子们来到一个石碑前说："这是比较珍贵的素可泰王国兰坎亨王的石碑，它是泰国最早的文字。"吉米连忙挤过去仔细看："这就是泰国最早的文字啊。"

看完诗瓦莫克哈皮曼厅里的那些描绘泰国人起源的展品后，大胡子叔叔开始分东南西北介绍每个房间的藏品。

在中央大厅，大胡子叔叔给孩子们看了里面五颜六色的丧葬用品和王室象轿。吉米在左侧的房间里还发现了许多有趣的木偶等舞台道具。另外的房间还陈列着瓷器、玻璃制品，还有形态各异的象牙

雕和白象模型。特别是花花，在这里看到了她喜欢的华美宫服、丝织品，还有各种泰国的乐器，甚至包括爪哇和巴厘岛的藏品。

在这里，孩子们意外地发现武器区里还有一件特别的武器——一头全副武装的大象。大胡子叔叔说："在泰国，大象除了用来伐木、运输物品以外，还可以用来打仗。大象的力气可大了，很多战车都在大象的脚下不堪一击。"

在北侧楼里，映真满足了自己对历史知识的兴趣。这里收藏着素可泰时期、大城时期和曼谷王朝时期的许多古物，包括很多精美的印花和刺绣纺织品。

在博物馆里，孩子们看到艺术院校的学生正在安静地潜心临摹壁画。大胡子叔叔说："那是曼谷最古老的壁画之一。人们在这里仔细研究壁画，让艺术由此延续，文化得以传承。"

泰国博物馆展示的文化虽然丰富多彩，但有人觉得比不上中国的国家博物馆。

大胡子叔叔倒不以为然，他说："我认为，从藏品的数量和质量

上看，这里未必能代表泰国的国家水平。泰国是个皇权文化很深厚的社会，一直到20世纪30年代，拉玛王朝才退居二线，即便如此，普密蓬国王在当今社会中的地位依然无人能匹敌。不用说社会资源，光是800年来皇家留下的东西，都足以支撑好几个这样规模的博物馆。"

吉米听了，说："大概这个博物馆馆长的号召力有限哦。"

"哈哈哈！"大家觉得在泰国还真有许多不可思议的事情。准确地说，这里仿佛不是一个世界级的博物馆，而是一位享尽荣华富贵后重归田园的老人的后花园。

第10章

可怕的毒蛇

今天，大胡子叔叔又该带孩子们去哪里参观呢？

这个答案从酒店出发一直到现在，大胡子叔叔都在卖关子不告诉

他们，就连花花撒娇也不起作用。

孩子们带着疑问随大胡子叔叔来到一座场馆，进去是一个大厅，屋外很热，但是里面非常凉爽。大厅中央是一个一米多深的池子。里面有什么？好奇的孩子们赶紧撒腿跑过去看。

"啊！蛇！蛇！"随着花花发出惊恐的叫声，大胡子叔叔笑着走过去告诉他们："这是泰国有名的毒蛇研究所，又叫作'蛇医院'、'蛇园'。泰国人也称它为'毒蛇宝库'，是世界仅有的两大毒蛇研究所之一。"

吉米好奇地问："另一个呢？"

大胡子叔叔说："在巴西。因为泰国地处热带地区，所以毒蛇的种类很多，工作人员主要在这里收集毒蛇，提取它们的毒液做抗毒血清，医治被毒蛇咬伤

的病人。不过，随着蛇的种类越来越多，这里成为专门展示不同种类毒蛇的博物馆。"

　　吉米他们看到很多条花花绿绿的毒蛇被饲养在玻璃房里。有扁头的眼镜蛇、白黄相间的金环蛇，还有银环蛇、蝮蛇、赤链蛇等等。一条赛过一条的毒，一条赛过一条的懒，它们或盘成环状在地上睡眠、休息，或攀在树木上吐舌头玩，一副悠然自得的样子。

　　这时候，有几个穿着白大褂的工作人员走进一个区域。大胡子叔叔兴奋地告诉孩子们："这是工作人员准备提取蛇毒了，大家都去学

习学习科普知识吧。"尽管花花不大乐意看，但是她不敢一个人待在这么大的蛇园里，也只好跟着去看了。

只见一个工作人员左手握住蛇头，右手拿钩撬开蛇嘴，将蛇的毒牙按在量杯上，轻轻地在蛇的毒腺两边挤压，使毒液流进一个塑料袋里。另外一个工作人员很配合地接过塑料袋，迅速放进墙壁边上的冰箱里。他们就这样专注地工作着。

映真怕吵醒正在睡觉的毒蛇，悄悄地问大胡子叔叔："大胡子叔叔，他们为什么要把蛇毒放进冰箱里呢？这些工作人员一天要抓几条毒蛇提取毒液？"

大胡子叔叔悄悄地说："因为要保持蛇毒的活性成分，所以必须在一小时内存放进冰箱冷藏。他们为了让更多的人避免被蛇毒死，一天要提取好几百条毒蛇的毒液。这是一项很危险的工作，一不小心，手指会很容易被毒蛇的牙齿划伤，带来生命危险哦。"听到这里，正在从手指缝偷偷看的花花，顿时对这些工作人员肃然起敬。

大胡子叔叔带孩子们来到毒蛇研究所参观，其实还有一个目的，就是让孩子看看展出的模型。因为这里的模型以生动有趣的样子告诉大家，在被蛇咬伤后怎么自救，让孩子们学会在野外自我生存和保护的能力。

这时候，中央大厅的池子出现了嘈杂声，原来是毒蛇开始表演了。吉米拉着花花跑去占了一个位置坐下来看，只见有两位先生手握眼镜蛇登场了，他们放下蛇，让蛇在地上爬行。凶猛的眼镜蛇眼中冒着绿光，凶神恶煞地昂起扁扁宽宽的头，让花花看得背上直冒凉气。奇怪的是，当音乐响起的时候，刚才还是眼冒凶光的眼镜蛇，忽然之

间就变得温顺起来，随着音乐的节拍，扭动起修长的身子，左两下，右两下，舞动得还真漂亮。

在这里，孩子们还看到用白鼠喂蛇，以及蛇的天敌——鼬鼠与毒蛇大战的精彩场面。不过，花花还是不敢看，特别是可爱乖巧的小白鼠被毒蛇一口吞下的样子……

在回去的路上，大胡子叔叔告诉孩子们，泰国是一个讲究人与自然和谐相处的国家。在蛇园里，工作人员说，人们以为蛇会首先攻击人类是错误的认识。蛇只有感觉受到威胁时，才会发起攻击，所以人类与蛇，还有其他动物都要相互尊重，才会和谐相处。

第11章

坐"坦克"游曼谷

大胡子叔叔带着孩子们在曼谷的大街小巷中行走着，炎热的街道上总是有许多"怪物"无所顾忌地来去自如，让很多行人避之不及，行驶的声音大得像坦克一样震

耳欲聋，它们每次在身边经过时，花花总是忍不住捂住耳朵。

大胡子叔叔说："这就是曼谷的公交车了，车型比较老旧、落后，所以发动时马达声很大，大家管曼谷的公交车叫'坦克'。"

于是，映真建议为了环保尽量多坐公交车吧，而且还可以充分体会当地的风土人情，更加贴近当地人的生活。已经走得很累的花花听到后立刻表示赞同，说："快看，那里有一辆绿色的公交车，很环保的颜色。我们去坐吧，随便到哪里停都好，我又热又累呢。"大胡子叔叔还没来得及说话，映真和吉米不顾一切地上了车。

车很快开动了，大胡子叔叔脸上露出担心的样子，叮嘱孩子们扶稳坐好，但是吉米听不进去，因为车上正放着节奏很快的音乐，他看着两旁的风景在飞速地后退，觉得有趣极了，情不自禁地随着节奏舞

起来。忽然，车猛地一拐弯，吉米没站住，被甩到映真的身上，还没站稳，公交车又一个急转，吉米又被甩到了大胡子叔叔的脚底下。大胡子叔叔一把拉起吉米，紧紧地把他搂住。

这时，花花大声喊道："哎呀，司机，门还没有关，危险！"但是，不知是车上嘈杂的音乐声让司机听不见还是其他原因，司机正开得起劲呢，车门始终没有关上。

呼呼的风从开着的门灌进来，风是热的，花花这才发现这车没有空调。要知道，在曼谷这个热带城市里没有空调的车是让人无法忍受的。

大家决定下一站就下车了。可是，这车似乎开了很长时间就是不停，难道曼谷的公交车是起点站直接到终点站的吗？

正当大家纳闷的时候，更不可思议的事情发生了。司机突然把车停在加油站，直接下了车，抛下一整车的乘客。不过车上的曼谷人倒不觉得奇怪，他们也没有人下车。一会儿，司机拿着一瓶饮料一边喝着，一边慢吞吞地走上来，然后就是继续狂踩油门直奔前方。

噢，天哪，曼谷的公交车司机还可以这么自由地随时去买东西。真是不可思议！

绿色的车继续飞速行驶着，吉米他们这会儿都紧张地抓牢扶手，随着车身左一摆右一晃的。

幸好，前面出现车辆拥堵，这辆疯狂的绿色公交车才放慢车速，居然在马路中间停了下来。孩子们惊奇地发现，这时候一大群泰国学生和西装革履的上班族挤过两三条川流不息的车道，一个接一个地上了车，同时车上又有一群乘客下了车，三三两两地从路中间走到马路边上。原来，因为交通拥挤，公交车司机为了图省事，干脆不按站停车了。

怎么这么不遵守交通规则呢？大胡子叔叔他们还是不敢这么随意下车。

虽然车门大开，风也不断穿来穿去，但是由于车厢里新加了不少乘客而显得非常拥挤和闷热。花花受不了了，紧紧地抓住扶手，感觉手臂很酸痛。她想哭了，真不知道是上了过山车还是贼车。再看看映真和吉米，脸上的表情似乎也不大好看。

看到这情景，大胡子叔叔大声喊了声："停车！"车忽然急速停了下来，车上的人群立刻惯性地往前冲出不少。大胡子叔叔拉着孩子们下了了车，花花发现自己的脚好像不听使唤，变得软软的了。吉米抱怨地说："曼谷的公交车真难受，没有空调又开得乱七八糟。"

"哈哈，你说得很对，用乱七八糟来形容真是恰如其分。不过，在曼谷也不是所有的公交车都是这样子，你们恰好坐上了曼谷著名的疯狂汽车。"大胡子叔叔看着这几个皱着眉头的孩子们，笑着说。

"啊？疯狂巴士？"花花觉得好像在拍电影。

大胡子叔叔点了点头，说："是的。在曼谷乘坐公交车，你们除了要注意公交车是几路车之外，还要注意车的颜色，二者缺一不可。因为，同一路车，颜色不一样路线也不一样。有的车有空调，有的车是没空调。比如，橙色车是最新且有空调的，蓝色也是有空调的。红色、白色的是没有空调的，还有我们刚才坐的绿色车也是没有空调的。"

映真忽然想起什么，他说："那么，刚才绿色车没有关车门，就是因为天气太热又没有空调，打开车门可以凉快些，对吗？"

"哈哈！"大胡子叔叔大笑起来，"映真很聪明，我想你猜得对，这样更环保了。"

"哈哈哈……"大家觉得在曼谷乘坐公交车是一件既惊险又有趣的事。

第12章

人鳄相斗

在曼谷有一个地方，那里的路最泥泞，离市区也很远，但是每天总有一拨拨的旅游大巴，载着一群群兴致高昂的观光客去参观，这就是泰国著名的北榄鳄鱼潭。当听到大胡子叔叔宣布今天的旅游项目是看鳄鱼时，孩子们都高兴地跳起来。本来嘛，只要是跟动物有关的，小朋友都会喜欢的。

北榄鳄鱼潭入口处很美，蕉叶和菠萝蜜树相映成一幅热带美景，还有一条鹅卵石小路通向一个木制阁楼，阁楼通过一条弯弯曲曲的长廊式天桥，连接着整个养殖场。天桥两边有1米多高的栏杆，凭栏俯视，可观脚下2米多远处的鳄鱼：有的来回游动，把湖水搅起波澜；有的卧在湖边土堆上栖息，纹丝不动，乍看之下，像一块黄褐色条石；有的好几条笨笨地叠在一起，映真想最底下的鳄鱼怎么不怕被压扁呢？

正想着，忽然闻到不知是哪里飘来的阵阵恶臭，差点没让映真呕吐，连刚吃进嘴里的香甜芒果，竟然也无法抵御这种腐烂的臭味。吉米也闻到了，大喊："谁？是谁在放臭屁？"花花受不了了，干脆往回跑。大胡子叔叔笑着拦住花花，给她一盒清凉油让她放在鼻子下闻，过一会儿就好受些了。大胡子叔叔说："这是饲养员在喂鳄鱼呢。因为鳄鱼喜欢臭臭的肉，所以整个园里总是不时散发出臭味。"吉米捂住鼻子说："怪不得把这鳄鱼潭放到郊区，大概是太臭了吧。"

"嗯，还是去看鳄鱼表演好些。"大胡子叔叔说道。

两位表演者走进表演池，先是向所有观众双手合十行礼，然后开始表演绝技。只见两人抓住水中一条鳄鱼的尾巴，使劲儿把它拉到水边岩石上。其中的一位表演者用一根木棍在鳄鱼身上轻轻地碰了一下，紧接着用力敲了敲岩石，鳄鱼迅速向前蹿了一下，同时张开了它的大嘴。此时，另一位表演者朝鳄鱼的嘴巴里放进一些泰铢，然后手伸进鳄鱼嘴里，脸上带着若无其事的表情。所有参观者惊呼不已，等他将鳄鱼嘴里的泰铢取出来的一刹那，另一位表演者又敲了一下岩

石。哇，鳄鱼一下子闭紧嘴巴。好险！大家额头上都渗出了的汗珠，幸亏那位取钱的表演者动作迅速，否则后果不堪设想。

　　当大家还沉浸在刚才惊险的情景时，更为惊险刺激的表演开始了。只见一位穿红衣的表演者不慌不忙地抓紧鳄鱼的尾巴，另一位表演者则用木棒顶开鳄鱼的嘴巴。天啊！他将整个头放进了鳄鱼的嘴巴里。此外，他还向观众挥了挥手。所有人都惊呆了，紧张得不敢喘一口气。花花更是躲进大胡子叔叔的怀里不敢看。这时，表演者抽出他的头向各位行礼，那只鳄鱼还傻傻地一直张着大嘴。"估计它的嘴巴张得脱臼了吧。"吉米的一番幽默让众人笑个不停。整个鳄鱼表演池充满了欢声笑语，掌声经久不衰。

第 13 章

世界最大的柚木建筑

今天，大胡子叔叔带着孩子们来到曼谷著名的柚木行宫进行参观。柚木行宫又称"威玛曼宫"或"云天宫"，因为它是世界上规模最大、质地最优良的全柚木宫殿，又称"金柚木宫"。它也是存放历代泰皇御照和艺术品的博物馆，具有相当重要的历史意义。

大胡子叔叔告诉孩子们："你们等会注意看看，这座宫殿没有用一颗钉子，都是靠榫卯结构连接而成的。"吉米他们都觉得神奇极了。

花花问："为什么这里的宫殿不用砖和水泥砌起来，而是用木头做的呢？"大胡子叔叔笑着说："这可不是一般的木头，比起砖石、水泥，这可昂贵得多呢。因为柚木里有特别的油脂，从而使得它能抗热、抗潮，再加上这种油脂本身还有驱虫的功能，更使它成为价值不菲的建筑良材。说起这宫殿，还有一个非常感人的故事呢。"

孩子们一听说有故事，停下脚步，纷纷要大胡子叔叔赶紧讲。

大胡子叔叔拉着孩子们坐下来，说："柚木行宫为泰国节基王朝

第五世皇朱拉隆功下令建造的，原址位于世昌岛上。当年五世皇有一名极为宠爱的皇子，但是那位皇子却体弱多病，五世皇经由高人指点后，在世昌岛特别建造了一座柚木行宫让这位皇子养病。世昌岛的幽雅环境让皇子的病不药而愈，五世皇大喜之下便把皇子接回曼谷团聚。没想到皇子在回到曼谷不久后便突然去世，五世皇在伤心之余便命人将世昌岛上的柚木行宫移到曼谷。所以今日世昌岛上仅剩下行宫的遗址了。"

花花听了很感慨地说："这位五世皇这么爱孩子，他的孩子一定很少了。"大胡子叔叔哈哈大笑，说："哦，不。泰国是一个允许一夫多妻的国家，五世皇在这方面就堪称'典范'，他的一生有过100多位妃子，有记载的就有70多位，为他生了44个女儿、33个儿子。"听得花花他们都吐了吐舌头。

在皇家导游的引领下，大家脱鞋后进入行宫里面参观。整个宫殿共81个房间，分为银器室、文牍室、御膳室、御房和后妃卧室。虽

全用金柚木做材料，但建筑风格、屋内装饰、家具风格却是欧式的。听政厅和卧房内一切设施和用品摆放如旧，极具历史价值。

花花说："和中国皇宫的气势磅礴相比，这里显得小巧玲珑，非常精致。"

这里的导游听到花花讲中国话，很兴奋地走过来，告诉孩子们关于拉玛五世与中国友好往来的那段历史。

他说："拉玛五世，名朱拉隆功，是泰国曼谷王朝第五代君主。他统治时期，废除了奴隶制度，还建立了各种电话、电报系统，设置了很多国家公共设施，因此得到老百姓的长久爱戴。"

花花他们听了，不由地对拉玛五世皇肃然起敬。

第14章
让我们荡起双桨

狂玩了几天，小家伙们终于扛不住，开始喜欢在酒店里睡懒觉了。的确，曼谷有太多好玩的地方，但玩起来总是让人觉得那里不是一般的热，毕竟现在是泰国最热的季节。

大胡子叔叔可受不了这般浪费时间，还有很多地方没玩呢。"起来，起来！"他朝孩子们叫嚷着。

　　孩子们睡眼惺忪地被大胡子叔叔一个个地扛起来，塞进出租车里出发了，他们还处于半睡半醒中。

　　"醒醒吧，我的孩子们，我们到了！"随着大胡子叔叔的声音，孩子们的眼睛就像春天的花朵般，慢慢地张开了。

　　"哇！这是什么地方？"眼前轻轻划来一艘长尾船，上面有一个穿着蓝布衣服、戴着大大圆形竹笠帽的阿姨在卖好多水果，有红艳艳的火龙果、绿油油的大柚子、黄澄澄的芒果、紫色的葡萄……

　　再来一艘长尾船，上面也还是差不多打扮的阿姨，微笑着撑着竹

筏，船上装满了整船的鲜花，美得直叫人眼珠子都转不动了，花花更是喜欢得又跳又鼓掌。

正当吉米闻到香香的肉汤味时，驶来一艘长尾船，上面有一个胖胖的大叔在卖米粉，在他前面摆满了各种小桶，里面装了很多配料，上面的大桶盛满了浓浓的汤汁，正向外飘出让人吞口水的香味呢。

接着又来了一艘船，又来了一艘船……

整个画面简直就像电影里的场景一般，想漂亮的就有鲜花送过来，想吃的就有美味飘过来，孩子们觉得这跟他们看的童话书没有什么区别。

大胡子叔叔笑着说："呵呵，喜欢这里吧。这就是曼谷最有特色的水上市场。泰国的河流多如牛毛，大到湄南河，小到一条条的无名小河贯穿着曼谷这个城市及其周边的水域。人们依水而生，由此也形成了几个颇具规模的'东方威尼斯'式的水上市场。每天早上6点到11点，来自郊区的农民乘着小舟，载着热带水果、蔬菜及其他农产品会集到市区河上，形成了热闹非凡的水上市场。"

不一会儿，孩子们在这熙攘的水上市场中满足了自己的愿望，花花捧着大把大把的鲜花；映真端着小足球一般大的椰子，享受着清冽甘甜的椰汁；吉米一边摸着圆滚滚的小肚子，一边继续舔着五颜六色的冰淇淋；大胡子叔叔则用手中的相机抓拍下这些富有泰国水乡特色的照片。

当晨光如渔网似的斜斜地撒在小河上时，戴着竹笠帽的男男女女早早坐进自家装满货物的小舟上开始了一天的生意。多数的小舟都选

择停靠在固定的岸边等待生意上门，也有部分船家荡起手中的单桨，在河面上漾起了阵阵涟漪。他们在水上互相交换着物品，轻轻地交谈几句继续往河的上游或是下游驶去，遇到迎面而来的伙伴，会微笑着点头或互道早安，遇到想要的货物时，便慢慢地靠过去，相互用手拉住对方的船舷就好了。

两岸排列了一个个木结构的小房子，幽幽暗暗，勤劳的主人在自家的屋檐下挂起几盆花卉装点家园，也有人家的庭院里长满了疯狂的野草，多了几分野味。妇女在青石板上洗菜、洗衣，也有男人们在自家的门口洗晨澡，黑得像泥鳅似的小孩子们则蹲在屋檐下玩水。

跨河两岸的两座石墩桥上，形成了一条熙攘的人流，人们驻足桥头观赏河道景致。只见河道纵横，舟楫如梭，不管是岸上的，还是水上的，尽是一派趣味浓浓的热闹市集景象。

忽然，几声清脆的歌声飘来："让我们荡起双桨……"

第15章

人妖哥哥

在曼谷的街头上，到处是背着大背包的欧美游客，还有一批批随着导游匆匆前进的中国游客，当然，还有不少穿衣打扮很时尚的小泰妹和小泰哥。不过，在后面的日子里，吉米他们总是有一种怪怪的感觉。

这天，大胡子叔叔带着孩子们在一家餐厅吃自助餐。吃着吃着，吉米说要去上厕所，拉着映真一块儿去了。等他们哥俩回来时，花花听到他们一边走一边在小声争吵什么：

"她肯定上错厕所了，我看见她有长长的头发，还挎着小包呢，那是女式包。"吉米一口咬定地说。

映真也坚持着自己的看法："不对，他是男的，我看得很清楚，他喉咙那里长有喉结。"

"才不是，她涂着长长的眼睫毛，这么漂亮，你见过哪个男的会这么打扮？"吉米还是不同意映真的说法。

"他真的是男的，我看清楚了。不信，我跟你打赌，我们一块去问问他。"映真非常肯定地说。

"嘻嘻，你们俩吵什么呀？是男是女还分不出来吗？"花花一边吃着椰子冰激凌，一边笑话他们哥俩。

　　吉米一边抓起碟子里的芒果糯米团，一边说："我和映真同时看到一个人，长得可漂亮了，眼睛大大的，睫毛长长的，而且头发还很长，虽然她穿着牛仔裤，不过我看到她脚上蹬着一双高跟鞋哩。"

　　映真不屑地说："既然你看人家看得这么清楚，为什么没有注意他的喉结呢，分明是个男人。"

　　吉米还是坚持："不，是女人。"

　　映真同样回敬："是男人。"

　　"女人。"

"男人。"

……这哥俩吵开了。

花花不耐烦了，说："别吵了，还让不让人吃东西，这么多好吃的咱们都来不及吃，男人女人又怎么啦？"

这会儿，吉米和映真默默地去自助餐台选东西了，花花则放下手中的刀叉去了厕所。

忽然，花花神色惊慌地冲了回来，在那里跺着脚很紧张地说："见鬼了！我该上哪边的厕所啊？"

映真和吉米似乎猜到了什么，忙问是不是看错人了？花花点点头，口气依然很慌乱地说："我……我在厕所里洗手，忽然有个浑浊的声音问我要不要纸？把我着实吓了一跳。我抬眼一看，她明明是一位楚楚动人的女人，怎么会发出男声呢？我以为上错厕所了，跑出来看标的分明是女厕所啊。"

这时候大胡子叔叔已经端着盘子回来了，他听了之后很肯定地说："你遇到的一定是人妖。"

"啊？人妖？"三个孩子不约而同地叫了起来。

大胡子叔叔放下刀叉，认真地告诉孩子们："没错，人妖是泰国的一大特色。但他们不是妖，是人，确切地说是男人。他们一般变成外表是女性的样子，通过唱歌舞蹈猎取人们的好奇心，吸引人们前来观看，并以此赚钱。

"在泰国，人妖一般都来自生计艰难的贫苦家庭，可以说，几乎没有富家子弟愿意做人妖。在泰国，设有专门培养人妖的学校。培养的方式是以女性化为标准，包括女式衣着打扮、女性行为方式、女性

的爱好等。

"大多数人妖选择这条道路是为了挣钱，也有一些人则是天生的性别错位，但走上这条路后，大多数人妖都发现，'她们'不但要经历生理和心理的磨难，挣钱糊口也并非想象中那样简单。泰国法律规定，人妖仍然是男性，不过人妖在社会日常生活中被定位为女性。人妖上公共卫生间会根据自己当天的服饰选择，如果是女性装束，那么自然就去女卫生间。"

"哦，原来是这样啊，那么映真和吉米看到的也是人妖了。"花花恍然大悟。

大胡子叔叔接着说："那些人妖为了维持女性的皮肤和身姿形态，必须将生理机能全部打乱，这样，就不得不大量打针、吃药。但这样会使身心受到严重摧残，所以，人妖的寿命一般都不长，四十岁

左右为正常死亡年龄。"

映真毕竟年龄大些，常常思考一些问题。他提问道："在泰国为什么会有人妖？"

大胡子叔叔说："这个嘛，有很多种说法，不过曾经有一位资深媒体朋友这样跟我解释：泰国人对人对事都心态平和，极其包容。如果有人不喜欢自己天生的性别，现代科技又能帮助他们改变性别，为什么不让他们重新选择呢？"

接着后面的几天，吉米他们发现这些人妖还挺多的，不仅有表演的，也有当售货员的，看来泰国除了风景奇特之外，还有许多让人耳目一新的人文特色呢。

第16章

奇特的海洋世界

"曼谷除了大象、鳄鱼、长臂猿以外，还有什么动物值得观看呢？"映真问道。

"当然有了。今天我就带你们去Siam Paragon购物中心看看。"大胡子叔叔很肯定地说。

出发的路上，三个小家伙一直纳闷：大胡子叔叔带我们去购物中心，

难道是去买毛绒玩具吗？不过，在大胡子叔叔没有进一步解释之前，谁也没有多问，有时候他们也很享受这种揭开谜底前的神秘感。

　　观光电梯带他们来到购物中心的地下一层，哈哈，原来是海洋世界。大胡子叔叔做出欢迎的样子对孩子们说："欢迎来到暹罗海洋世界。这里是东南亚最大的水族馆，可容纳2万人。馆内容水量相当于3个奥运会标准游泳池。跟其他海洋馆不一样的是，这里展出的大多数是热带海洋动物……"

　　"我最喜欢热带的海洋动物了，我看过一些纪录片，那些海洋动物非常漂亮。"吉米跳了起来，不顾大部队的节奏，自己跑去看了。大家为了防止找不到吉米，只好全都跟在他的后面。

进入一个透明的长长的走廊，展现在他们眼前的是蔚蓝色的海洋世界，时不时游来一条鲨鱼。孩子们头上偶尔飘过一条鳐鱼，吓得花花赶紧低下头。大胡子叔叔笑着说："呵呵，这就是俗称的'魔鬼鱼'。不过鳐鱼是很善良的，你要是不冒犯它的话，它和你是相安无事的。"就这样一边看着一边走着，长长的走廊仿佛走不到头一样，这更能让人感觉像是在海底行走。

　　随着移动的步伐，他们不知不觉地来到了海洋世界的另一个场馆——热带雨林。

　　"这，这不是海洋啊？"花花不解地问。

　　大胡子叔叔解释道："这里的热带雨林是一个综合生态体系。在这里可以看到生活在森林里的植物与动物之间的相互关系。"这时，吉米非常兴奋地叫着："快看，这里有盲眼鱼。"好奇的孩子们赶紧跑过去看，只看见几条透明的小鱼在轻快地游来游去。"它们的眼睛呢？嘿！它们的眼睛真的没有呢。"大家随着鱼的游动，一会儿站起，一会儿蹲下。大胡子叔叔又说："这是一种洞穴鱼，因为它们的祖先被水流冲到洞穴里，长期没有光线，久而久之眼睛就退化了。不过，这可不妨碍它们的行动。"映真想起了什么，问道："这是不是一个很典型的顺应自然法则？"大胡子叔叔连连夸映真善于动脑筋。

"哇！章鱼！这里居然有蓝圈章鱼。"吉米看见他最喜欢的章鱼高兴得在那里上蹿下跳。非常漂亮的是这种章鱼身上长着很多蓝色的圆圈。"真漂亮啊，我真想养这种章鱼。"花花最喜欢漂亮的东西

了。

　　这回轮到吉米做讲解员了，他说："千万不能碰这种章鱼。尤其澳大利亚大堡礁附近的章鱼，是世界上最毒的章鱼了，可以把人毒死的。"吉米非常喜欢研究章鱼，他之所以喜欢这种软绵绵、没有骨头，又长有八条腕的动物，是因为吉米知道章鱼有超凡的智力，成年章鱼的能力相当于2到3岁的小孩的智力。"南非世界杯上一只德国的章鱼叫保罗，它成功预测了多场比赛的结果。"吉米得意地补充道，仿佛那只会预测的神奇章鱼保罗是他培养出来的一样。

　　除了非常具有科学教育价值的区域以外，这里还有非常有创意的设计让孩子们发出大笑。比如有一辆"汽车"，身上涂满了艳丽的海底世界图案，刚开始大家还以为是车展呢，走近一看，呵呵，原来是

一个汽车鱼缸呢！一条条游来游去的鲨鱼时不时地出现在车窗边上，好像这辆车沉在海底一样，非常有意思。

　　"快看，这里的冰箱里有活鱼呢。"映真也发现了有趣的事情。原来这也是很有创意的冰箱养活鱼。大家仔细看了看，发现这不是真正的冰箱，不过是装饰成了一个大冰箱，里面放着一些易拉罐，每一层都有小鱼不停地游来游去，真的很像一个大冰箱。

　　走了大半天，孩子们看了优雅的水母、可爱的小丑鱼等，多姿多彩的海洋世界简直就是《海底总动员》的现实版。

　　在这里，每个孩子都找到了自己心仪的海洋生物，看到了许多世界上独一无二的品种，学到许多有趣的海洋知识。

第17章

桂河边的 "死亡铁路"

晚上，大胡子叔叔在酒店给孩子们播放电影。这是一部关于二战的战争片，名叫《桂河大桥》。它讲述的是二战时期，英国军官被迫为日军建造桂河大桥，之后大桥被英国特遣队炸毁的故事。

当孩子们还沉浸在电影故事中时，大胡子叔叔宣布，明天将前往泰国的北碧府，去看看电影中的 "死亡铁路"。这个决定，让孩子们兴奋得一整晚都睡不着觉。

第二天，大胡子叔叔带着孩子们来到车站。在等待火车的时候，花花仰着头问："大胡子叔叔，为什么要叫'死亡铁路'啊，会不会很恐怖？"

大胡子叔叔蹲下身，告诉花花："昨晚你不是看过《桂河大桥》这部电影吗？'死亡铁路'是连接泰国和缅甸的一条重要交通轨道。二战期间，日军为了征服缅甸和缅甸以西的亚洲国家，非常希望修一条给养供应铁路。从1942年起，约30多万名亚洲劳工和6万多名盟军战俘在日军的役使下，用17个月的时间建成了原本需要6年才能建成的铁路。修路者的生活和工作条件差的不可想象，约25%的战俘因过度疲劳、营养不良、虐待和各种没人管的传染病而丧生，亚洲工人死亡率更高。听当地的人说，这里每一段枕木下都有一个冤魂，所以叫作

'死亡铁路'。"

这样的解释让花花听了直打冷战。

嘟嘟……火车来了，大家都争先恐后地上了车。车上都挤满了各国的游客，火车上有用英文写着的"死亡铁路"简介。在花花的想象中这仿佛是非常恐惧的地狱之旅，就像坐了一次时光穿梭机，回到了二战时期。无论是古老的铁路站台，还是破旧的列车和列车长的穿着，都让孩子们仿佛置身于70多年前。

火车内部看起来也很破旧，座位上没有扶手，车厢里面也没有空调，只有一台看不出颜色的风扇送来微微的凉风。火车缓缓地驶出塔基兰车站，过了一会儿，人群开始出现骚动，很多游客往车窗外好奇地张望，还有人拿出了相机拍照。原来，这一段路是"死亡铁路"上最为著名的路段——探卡塞。孩子们也都好奇地望向车窗外，一边听大胡子叔叔的讲解。这段路地势险峻，铁路依山而建，旁边就是万丈悬崖，悬崖下是波涛滚滚的桂河。那时候技术落后，只能靠战俘和劳工一点点搭建起支架，最终才建起铁路。因为路不好走，火车开始剧

烈颠簸，车厢里又没有扶手，乘客们发出阵阵惊呼。吉米最惨，紧挨着没有门的"车门"，停车的时候几乎要摔倒。

映真笑着对吉米说："会不会是下面的冤魂想告诉你一些故事啊？"花花听到这句话，吓得不敢下车了。

大胡子叔叔笑着拉着花花的手下了车。他们来到浑浊宽阔的桂河前。大胡子叔叔告诉孩子们这不是昨晚电影里看到的以前的桂河大桥，而是后来重修的。

大胡子叔叔说："第二次世界大战以后，泰国政府最终收回了这片土地，为了获得钢铁，将大桥和铁路的一部分拆掉了。后来泰国政府向日本要求战争赔偿，对大桥进行重修，其中包括了对大桥中间大梁重建而形成的大桥平整盒状的外形。"

哦，原来是这样。难怪吉米觉得它怪怪的。

离开桂河大桥后，他们来到了广场。映真发现一片长着低矮树林的绿地，还有整齐地排列着的一座座墓碑。大胡子叔叔说："这是二战期间盟军的公墓。据了解，当时修建'死亡铁路'的战俘每天的'工资'是1铢。由于粗劣的饭食、缺医少药、日军士兵的鞭打和折磨、热带昆虫带来的疾病……将这些壮年男子的生命一一夺去，变成了北碧府盟军士兵墓地中的一座座小小的墓碑。我的一个朋友的父亲就葬在这里。"

说完，他带着孩子们来到一座墓碑前，默默地伫立了一会儿，并献上了鲜花。大胡子叔叔沉痛地告诉孩子们："这里埋葬了近7 000名军人的骸骨，但里面有完整遗体的墓穴很少，大多埋的是肢体的一部分，墓碑上有名字的也不多，有的只是刻了一个姓。"

孩子们陪着大胡子叔叔默默地站立着，他们觉得这里的"死亡铁路"和公墓并不可怕，可怕的是战争带来的无限伤害。

第18章

象出没，请注意

4月份的泰国的确炎热得让人受不了，地面高达60℃的热浪几乎可以融化每个人的胶鞋。就连大胡子叔叔也烦躁得几次都想剪掉他的大胡子，最后他做了一个决定："孩子们，我要带你们去曼谷的北部山区，在那里我们来一次探险，怎么样？"

话音刚落，吉米和映真兴奋得跳起来，这个

决定对他们来说真是太棒了，因为这几天的参观让他们已经看腻了都市风光，他们早就期待更有趣的探索之旅了。只有花花不高兴，担心山林里的毒蛇和蚊虫。吉米觉得花花老在拖后腿，他说："花花，我觉得那个地方不是你们女孩子去的，要不，你就留在大王宫做你的公主梦吧。"花花觉得委屈极了，不甘示弱地说："你们能去，我也能去。跟着大胡子叔叔就没问题。"

　　"好！看来每个人都没有意见，那么现在出发吧。"大胡子叔叔豪言一出，孩子们又像小鸟一样雀跃不已。

大胡子叔叔是一个探险家，每到一个国家就想了解它的多元文化，这次他进入北部山区里那些少数民族的村庄，同样想了解那里人们的生活和习俗。

　　他们来到一个叫作因他暖的国家公园，因他暖山峰是泰国最高的山峰，海拔大约2500米，这里没有都市里酷热的天气，相反还非常凉爽。当然，大胡子叔叔他们的出行工具更加绿色，猜猜看是什么？是一群大象！

　　吉米挑了一头看起来非常健壮的小象，映真喜欢那头不停在吃香蕉的小象，认为爱吃东西就一定有力气。花花不敢单独坐，选择跟大胡子叔叔一块儿骑一头有长长象牙的大象。尽管如此，大象一摇一晃地前进时，花花还是害怕得紧紧抓住大胡子叔叔的衣服。

出发喽！

大象在向导的指挥下，穿过高高的灌木林，很聪明地用长长的鼻子扫走挡在前面的树枝。吉米骑的那头小象似乎也跟吉米一样淘气，总喜欢偷偷加快步伐跑到队伍的前面。

不过，映真的小象似乎在闹情绪，僵持在溪水里不肯走，不管驯象师如何踢它，就是不肯走。后来喝了一些水后才晃悠悠地边吃边走。唉！这只小象的心情真不好。

吉米忽然觉得头上一阵细雨洒下，凉凉的，刚想喊下雨啦，后面

的映真便大声叫起来："吉米，你的大象在喷水！"原来，吉米骑的小象开始涉水玩耍了。它一步一步向深水激流中探去，时不时用鼻子吸饱水再往天空上喷洒。"嘻嘻嘻，真舒服，真凉快！噢，我和小象洗澡咯！"吉米在象背上一边挥舞着小竹条，一边开心地大叫。后来，吉米还不甘心这么玩，他一边抓住象鼻对准映真，一边对小象说："小象，我们跟映真打水仗，去，喷他一身水。"果然，小象十分配合地转身立马给映真和他的小象喷了一身的水。

映真当然不甘心了，也抓住象鼻子让它朝吉米喷水。只见那两个小孩和两头小象真的开始打起水仗来了，你喷我，我喷你，欢声笑语传遍了整个森林……

到了住宿的营地，大胡子叔叔要孩子们赶紧去洗澡，因为玩了大

半天的水仗也该换上干的衣服了，毕竟这里夜晚温度会越来越低。

可是，上哪里洗澡呢？哪里有澡堂啊？

村寨里的苗族、孟族、拉祜族等族的小朋友带他们来到了瀑布前，说："我们都是在这瀑潭中洗澡的。""哇噻！太棒了，从没有在这么大的花洒中淋浴过。"映真和吉米立刻开心地跳下瀑潭，充分享受着大自然的恩赐，撇下花花拿着衣服不知所措地站在那里为难……

洗好澡，大家开始围着火炉做饭，吃东西，然后围着火炉唱歌跳舞，最后围着火炉美美地睡了一觉。

为什么都离不开火炉呢？第一，山区昼夜温差大，即使在最热的月份，晚上还是很冷的；第二，村子里没有电。

哈哈！怎么样，这个体验够原始吧？

第 19 章

小小树屋

在清迈这样慢节奏的城市，即使是像吉米这般爱玩的孩子也能静下心来优哉游哉地看完电影《阿凡达》。大胡子叔叔感受着这个城

市的氛围，微微一笑，问孩子们："你们喜欢《阿凡达》的科幻世界吗？"

"当然喜欢了！"孩子们不约而同地回答。

花花似乎习惯大胡子叔叔每次这么问的方式了，眨着大眼睛问："大胡子叔叔，你一定又有什么好玩的推荐了。告诉我们，这次去哪里呀？"

大胡子叔叔笑着刮刮花花的鼻子："呵呵，还是你最机灵。我们不去哪里玩了，今天晚上我们到树上去住。"

"啊？到树上去住？这……这可能吗？"花花不相信。吉米笑着说："那我们都成了小猴子了。"映真倒是很认真地说："据说，人

类的祖先就是从树上下来的。"

大胡子叔叔肯定了映真的说法："对，这样做叫作返璞归真。我们就去体验体验吧。"

大胡子叔叔他们背着行李，一路走在开着小花的小路上，小路拐弯处时不时还有伸出来的大大的芭蕉叶，仿佛在热烈欢迎他们的到来。越往里走景色越美，真的好像来到《阿凡达》里的世界一样，许多叫不出名字的树都开满了花。

不过，吉米并没有完全被这些艳丽的花朵所吸引，而是仔细地寻找到底哪棵树能住人。很显然，这些开满缤纷艳丽的花朵的树是住不了人的。忽然，他指着前面一棵大树大声喊起来："你们看，快看，树上有房子!"

大家顺着他指的方向望去，只见几棵大树上挂满了一排排的小木屋。孩子们欢呼着冲过去，抬头看着那精致无比的小木屋，心底浮现出曾经有过的梦想。那时几乎每个孩子都梦想拥有一间高高的树屋，当他们做错事的时候可以爬到树上，这样，家长就打不着他们了。

他们选择了其中的一棵大树，这棵树非常茂盛，茁壮的树干深深地扎进土里，粗大的枝条尽量往外伸展着。这棵大树上一共有三间小木屋呢，挂在不同的方位，就像三个小鸟巢。孩子们此刻仿佛变成了小鸟，迅速地沿着树干搭建起来的旋转楼梯，"蹭蹭蹭"地上了小木屋。

哟！里面的布置好温馨啊，原木色的家具，白色的纱幔，设施也很齐全。走在里面，大家似乎感到一阵阵的摇晃，就像在婴儿床里一样。

"喜欢吗，孩子们？这可是清迈的一个旅游特色呢。"大胡子叔叔看着开心的孩子们，不由得也乐起来。

"我太喜欢这里了，大胡子叔叔，你怎么知道我们也会喜欢这里

呢？"吉米问道。

"因为我小时候也期盼有一间树屋，可以邀请小伙伴们到我的小房间里玩，而且也不容易被大人找到。"大胡子叔叔说。

吉米笑了："哈哈，你小时候一定也有淘气被打的时候，所以就想找个地方躲起来吧。"孩子们都非常高兴能跟大胡子叔叔出来旅游，他真的很懂小孩子们的心，让大家每一天都玩得很开心。

这时，花花走到一扇窗前，立刻大叫起来："快看，这里可以看到河边呢。"远远的前方，只见一条河流蜿蜒流淌着，河上有几排竹筏在快速地行进着。嘿！树屋里居然还有望远镜，通过望远镜可以眺望到很远很远的地方。孩子们就这么兴奋地从不同方向的窗口跑来跑去，希望能发现更多有趣的事情。

映真还想到一个问题，他问大胡子叔叔："这些树屋会不会压坏树枝呢？"

　　大胡子叔叔笑着说："嗯，这个问题问得好。泰国人是用粗大的钢筋把木屋吊起来，而不是架在树枝上，而且也不会锯断那些伸展的枝条，甚至会让枝条从房间穿过去。"

　　夜渐渐黑了，只能看到前方河流上的点点渔火。孩子们点起灯，静静地听着虫儿"唧唧"地唱歌，听着大胡子叔叔讲故事，慢慢地，慢慢地，像小鸟一样睡着了。

第**20**章
夜幕下的野生动物

在树屋待了一天，大胡子叔叔只是笑着看孩子们上下嬉闹，什么也不去干。快到下午的时候，大胡子叔叔终于宣布，晚上去看夜间动物园。

哇噻！第一次听说动物园有晚上开放的，那里的动物不是都睡觉了吗？吉米很好奇地问："是不是让我们去听动物们是怎么打呼噜的？"

"哈哈！真是有趣的想法。为什么会专门开辟夜间动物园呢？事实上许多来自非洲的动物喜好夜晚活动，白天在动物园只能看到它们熟睡或懒洋洋的样子。夜幕降临以后，它们才会出来活动。夜晚前往动物园，绝对是一项最难得、最有趣的游览体验。"大胡子叔叔笑着说。

动物园位于清迈著名的素帖山国家公园，是全世界最大的夜间动物园。大门口非常美丽，五彩的灯光照在浮雕上，显得美轮美奂。建筑也是非常泰国化的，许多游客不停地站在那里留影。大胡子叔叔说："要照相就在这里照吧，进了动物园区就不能使用闪光灯了，以免强光惊扰动物或造成动物眼睛的损伤。"

孩子们和大胡子叔叔步行穿过兰那村一条长长的走廊，坐上夜间

环保的电动游园车，一边听导游讲解野生动物的夜间生活习性，一边在按规划好的各种动物生活区域缓缓行驶。导游用感应式灯光让游客可以较近的距离观察狮子、老虎、土狼等，这些灯光会随着讲解员的讲解打到那些"夜行侠"的身上。在夜幕下，白天看似寻常的动物显示出了不凡的一面，黑熊、斑马、长颈鹿、豺狼都与白天完全不同。而温驯的斑马、羚羊、长颈鹿，则会随时出现在车子旁边，孩子们一伸手就可触摸到。

"哇，小飞鼠！那不是传说中的小飞鼠吗？"映真捂着嘴几乎要叫出来。

吉米也站起来："是的，像是动画片《冰河世纪3》里面的小飞鼠。"

花花倒是挺怀疑的，她觉得实际看到的跟动画片里的还是差别很大，至少没那么可爱。

其实夜间动物园里的动物很多是大家没有见过的，或者在白天没有看见过它们的另一面。映真他们开始后悔来之前没有好好了解夜行动物的习性和品种，以至于还停留在只知道哪种动物长得可爱与否的层面上。

大胡子叔叔倒不急于给孩子们介绍各种动物，他只告诉孩子们另一个听起来更加不可思议的事情：利用动物粪便造纸。哈哈！眼珠子要掉下来了吧？

动物园内所有动物的粪便和垃圾一天下来超过1吨，如果放任不处理的话，就会产生大量的甲烷气体，而该气体会破坏臭氧层，导致气候变暖。动物园收集骆驼、河马等动物的粪便，用新技术造纸，避免了污染气体的产生。动物园里环保的举措还不止这些呢，大胡子叔叔介绍道："制作出来的纸是要漂白的，漂白之后的废水经过沉淀来

提炼钾，而钾是制造化肥的重要原料之一。不仅如此，现在我们坐的车，其实是新型太阳能高尔夫球车。"

看来，泰国人的环保意识比大家想象的还要强，这大概是跟他们崇尚人与自然和谐相处的理念有关吧。

观赏动物的行程中，还有非常精彩的镭射水舞表演。在明月高悬、彩灯闪烁之下，伴随着悦耳动听的乐曲，水从几千组喷头喷射而出，呈现出一幕神奇新颖的水幕电影，让人亲身体验到了亦真亦幻、色彩斑斓的世界。

孩子们拿着一张张用动物粪便制作的纸，兴奋地看着水幕电影，真的非常喜欢这个独特的夜晚，久久不愿回去。

第21章

与国王一起度假

体验了泰国都市的繁华、中部的沧桑、北部的原始之后，就急转南下，前往孩子们盼望已久的海滩啦。

距离曼谷大概281千米的泰国西南角，有一个让花花期盼不已的海滩，那就是泰国皇室成员每年都去度假的皇家海滩——华欣。

怎么去？当然是坐火车去了。

泰国的火车非常平民化，大概是很多人出远门的首选交通工具吧，所以几乎是逢站必停。随着车站工作人员敲响铜钟，那些小贩们不知从哪里纷纷涌来，手上都托着托盘，上面有香喷喷的海鲜粥、泰式米粉等各种各样的小吃，无序但又很谦让地站在每个车窗前叫卖。每次停站，吉米他们都喜欢探出头去寻找喜爱的食物。

就这样吃着，坐着，来到了华欣车站。出了火车站，花花发现旁边有一座非常漂亮的泰式建筑。红漆的梁柱和屋顶，黄色的墙面，散发出浓浓的泰国风情。大胡子叔叔告诉他们："这是全泰国最古老、最有名、最漂亮的火车站，建于拉玛六世时期，拥有独一无二的泰式建筑风格的皇室人员候车室。说起这个候车室可了不得，它是在拉玛六世时从王宫搬过来的，当年拉玛六世就是在这里候车离开华欣回曼谷的。如今的泰皇不坐火车而改坐汽车来华欣了，皇室人员候车室便一直空置着。"

"哇，太可惜了！其实坐火车比坐汽车更环保呢。"映真这几天学会了很多环保知识。

"呵呵，映真，不如你给泰皇写信，告诉他坐火车更环保吧。"吉米半开玩笑地说。

说着，出租车的司机告诉他们，现在的国王正在这行宫里度假呢。大家看到路旁一座被绿树包裹得严严实实的行宫，虽然看不到国王，但仍然觉得很激动。

大胡子叔叔告诉孩子们，在华欣也有很多行宫可以参观。后来在从华欣返回曼谷的路上，大胡子叔叔带着孩子们参观了两座昔日泰皇的行宫。

　　第一座是拉玛四世的考汪皇宫。传说他因为钟爱考汪山的灵秀气息，1860年命人在山顶建起泰国有史以来的第一座夏日行宫。整座行宫的建筑中泰合璧，最吸引游人的是那座雄踞行宫中心的白色的塔。

　　另一座则是拉玛六世的爱与希望之宫。大胡子叔叔告诉孩子们这里还有一段非常浪漫的故事。原来这座行宫是拉玛六世为了让后妃为他生个小王子而精心设计的。行宫以淡蓝、鹅黄和红色为主色调，显得非常温馨。行宫里全部采用上等建材，典雅大方。大胡子叔叔说："这个行宫最大特色是用1080根柚木支撑而起的16栋木制高脚宫殿，可以远离地面的湿气，让居住环境比较干爽。我们再来看看这里。"

　　只见他指着那些支撑墙面的柚木底部，开始问孩子们："你们知道边沿挖上细沟槽是做什么用的吗？"

　　"嗯，我知道，这是为了漂亮美观。"吉米马上回答。

　　"大概是接雨水用的吧。"映真想了想，说道。

　　"呵呵。差不多。这细沟槽是用来往里面注水，然后让蚂蚁等虫类不能爬上来影响起居作息。"大胡子叔叔笑着说。

　　大家都佩服泰国工匠的心灵手巧。大胡子叔叔说："行宫里的巧妙设计不止这些呢。你们看宫内的房舍是由长廊连接，从陆上延伸至海滨，长廊的尽头设计了一个视野极佳的观景休息房。从这里走到海

滩上很方便，又不会被火辣辣的太阳晒着。"

花花很关心拉玛六世的心愿有没有实现。大胡子叔叔很遗憾地说："没有。行宫建成后，拉玛六世以及他的后妃们只在这里待过两次，直至他1925年离世，都还没有等到怀孕的妃子生产，后来妃子生的也是女孩，无法继承王位。"

当然，这里除了行宫以外，还有许多皇室贵族喜欢的高尔夫球场和星级大酒店，但这些不是孩子们喜欢的。还有没有其他好玩的？当然有了，那就是明天他们将要去的红树林自然保护区。可是这跟皇家有什么关系呢？

第**22**章

海岸卫士

　　孩子们每换一个新地方总睡不着觉，所以起了个大早，跟大胡子叔叔来到海边。随着海风轻轻吹拂，清新的空气夹杂着一些大海的气息迎面扑来，沁人心脾。"哇！太舒服了！"孩子们幸福地大声喊叫着。

　　绵延数千米的海边长满了茂密的红树林，踏上红树林长长的栈道，连鸟叫都没有，只有脚踩在上面发出的"咯咯"声。泰国人都对这片红树林充满了骄傲，因为这是现任国王——拉玛九世普密蓬倾心建造的。普密蓬大学期间修的专业是农业，在曼谷的皇宫里，据说有

许多植物研究机构，普密蓬非常喜欢在这里研究怎样发展本国的农业产业。而华欣的红树林就是在他这些研究机构成功培育出来的。在普密蓬的努力下，如今这片红树林成为整个亚洲面积第一的红树群落。

坐上由本地人划的小船，大胡子叔叔他们顺着红树林中的水道前行。这片水道介于海港与内陆之间，其间红树的根有的裸露在水面，有的深深扎在水下的土壤里。花花很奇怪，不停地问大胡子叔叔："为什么这些树不怕海水？它们是不是专门喝咸水？那些长长的根是做什么用的？"她的这些提问也代表了其他孩子的好奇，孩子们都用期待的目光看着大胡子叔叔。

大胡子叔叔告诉孩子们："红树林是热带、亚热带海湾或者河口泥滩上特有的常绿灌木和小乔木群落，是陆地向海洋过渡的特殊生态系。大概是为了顺应大自然的择优法则吧，它们的呼吸根牢牢扎入淤泥中，形成稳固的支架，使红树林可以在海浪的冲击下屹立不动，也保护了海岸免受风浪的侵蚀，因此红树林又被称为'海岸卫士'。种子可以在树上的果实中萌芽长成小苗，然后再脱离母株，坠落于淤泥

中发育生长。它们之所以不怕咸咸的海水，是因为它们能把含盐水液排出叶面。"

"哦，红树林不仅有防浪护岸的作用，还能净化水污染。看来泰国国王做了很多有益于农业和渔业的好事啊。"花花的环保意识越来越强了。

大胡子叔叔刚想补充，只听见吉米指着树底下兴奋地喊道："快看，这里有好多小螃蟹，还有鱼！"花花也看见了："哎，还有那些一跳一跳的，是什么呀？我们一经过，它们就四下跳开了。"

大胡子叔叔笑着说："这些都是红树林特有的生物。那些张牙舞爪的是招潮蟹，退潮的时候最多。一跳一跳的是弹涂鱼，它们也是一种用肺来呼吸的鱼。因为红树以凋落物的方式，为海洋动物提供了良好的生长发育环境，也由于红树林生长于热带和亚热带，拥有丰富的鸟类食物资源，所以红树林成为各种海鸟觅食、栖息、繁殖的场所。"

　　孩子们最喜欢这里了，看到树根下可爱的海洋小动物自由自在地生活，再看看天上盘旋的海鸥、白鹭，真想变成这片红树林里的一员，在这里贪婪地享受大自然的各种恩惠。

　　船沿着水道，逐渐进入港口。许多渔船停泊在港口岸边，船身都漆成耀眼的蓝、绿色，有的还被描上鲜艳的红色线条，上面还悬挂着泰国国旗和各种鲜艳的彩旗。皮肤黝黑的渔民们正在忙着收起晾晒后的黑色大网，这情景充满了生活气息。当有小船经过，人们会不由自主地打打招呼、扮扮鬼脸、高声尖叫……

尽管红树林有许多让孩子们留恋的地方，但是随着太阳渐渐西下，大胡子叔叔带他们来到另一处能游泳的海滩，那里又是一番美丽宁静的景色。

夕阳下，孩子们一边吃着华欣最有名的水果冰淇淋，一边骑着小马在细软的海沙上慢慢地行进，任由小马不停地摇着尾巴。一阵阵浪花像温柔的双手，轻轻地抚摸每个靠近它的脚，一遍一遍地洗刷远方客人疲倦的身心。

这就是孩子们最喜欢的华欣！

第23章

告别曼谷

终于到了离开曼谷的时候了，无论有多少景点没看，无论有多少美食没有品尝，都必须告别这里，准备下个行程了。

一大早，大胡子叔叔就拉响起床的"警报"：

"孩子们，我们该出发了，现在就去机场吧！"

大胡子叔叔看了看手表，距离飞机起飞还剩3个多小时。可是大家在路上却遇到了塞车的长龙队伍。看来时间不够了！大胡子叔叔决定弃车，步行赶到机场。他们拖着行李从出租车上下来，一路奔向机场，居然把那些堵在原地的汽车远远甩在了身后。看来大胡子叔叔做的决定是无比正确的，马路上的汽车排着很长很长的队，如果他们在车上等，大概等到明天也到不了机场吧！

　　大胡子叔叔拉着孩子们在机场候机厅狂奔，同时他们要搭乘的航班也正在紧急寻找4个未登机的乘客呢。

　　最后，大胡子叔叔和孩子们坐上了这趟航班，快乐地回忆着这段难忘的曼谷之旅。